SYSTÈME MÉTRIQUE DES POIDS ET MESURES

TABLEAUX OFFICIELS

DES

MESURES · LÉGALES

NOUVEAUX

SIGNES ABRÉVIATIFS

prescrits dans l'enseignement

Loi du 11 juillet et Décret du 28 juillet 1903,

Circulaires ministérielles du 21 septembre 1903 et du 25 avril 1906.

PARIS

VUIBERT ET NONY ÉDITEURS

63, BOULEVARD SAINT-GERMAIN, 63

MESURES LÉGALES

ET

SIGNES ABRÉVIATIFS

A LA MÊME LIBRAIRIE

TRAITÉS DE MATHÉMATIQUES

à l'usage des élèves des classes de sciences et des aspirants aux Baccalauréats.

(Volumes 22/14^{cm} brochés :)

Arithmétique, par E. Humbert, professeur agrégé au lycée Louis-le-Grand, 3e édition . . . . 5 fr. »

Algèbre, par A. Grévy, docteur ès sciences, professeur agrégé au lycée Saint-Louis, 2e édition . . . . 6 fr. »

Géométrie par A. Grévy. . . . . 6 fr. »

Géométrie descriptive, par T. Chollet, professeur agrégé au lycée d'Orléans. — Volume avec fig. et épures dans le texte.

Mécanique, par C. Guichard, Membre correspondant de l'Institut. — Volume avec figures.

Cosmographie, par A. Grignon. — Vol. illustré, avec 11 planches hors texte et carte céleste.

Trigonométrie rectiligne, par E. Dessenon, professeur agrégé au lycée Saint-Louis, 4e édition . . . . 3 fr. »

Traité d'Algèbre élémentaire avec des *Compléments*, à l'usage des élèves de Mathématiques élémentaires et de Mathématiques élémentaires supérieures, par N. Cor, professeur agrégé au lycée Saint-Louis, et J. Riemann, docteur ès sciences, professeur agrégé au lycée Louis-le-Grand. — Vol. 22/14^{cm} . . . . 6 fr. »

Traité de Géométrie, par C. Guichard. — 2 vol. 22/14^{cm} :

Géométrie plane et dans l'espace . . . . 5 fr. »
Compléments. . . . . 6 fr. »

Éléments de Méthodologie mathématique, *à l'usage de tous ceux qui s'occupent de mathématiques élémentaires*, par M. Dauzat, inspecteur d'Académie. — Un vol. 22/14^{cm} de 1100 pages, avec figures. 10 fr. »

Méthodes de Résolution et de discussion des problèmes de Géométrie. par G. Lemaire. — Vol de 223 pages avec 211 figures . . . . 2 fr. 50

SYSTÈME MÉTRIQUE DES POIDS ET MESURES

TABLEAUX OFFICIELS

DES

MESURES LÉGALES

NOUVEAUX

SIGNES ABRÉVIATIFS

prescrits dans l'enseignement

Loi du 11 juillet et Décret du 28 juillet 1903,
Circulaires ministérielles du 21 septembre 1903 et du 25 avril 1906.

PARIS

VUIBERT ET NONY ÉDITEURS

63, BOULEVARD SAINT-GERMAIN, 63

LOI DU 11 JUILLET 1903

relative aux

UNITÉS FONDAMENTALES

DU SYSTÈME MÉTRIQUE

———

Le Sénat et la Chambre des Députés ont adopté,

Le Président de la République promulgue la loi dont la teneur suit : ·

ARTICLE PREMIER.

L'article 2 de la loi du 19 frimaire an viii est remplacé par la disposition suivante :

« Les étalons prototypes du système métrique sont le mètre international et le kilogramme international qui ont été sanctionnés par la Conférence générale des poids et mesures, tenue à Paris en 1889, et qui sont déposés au pavillon de Breteuil, à Sèvres.

« Les copies de ces prototypes internationaux, déposées aux Archives nationales (mètre n° 8 et kilogramme n° 35), sont les étalons légaux pour la France. »

ART. 2.

Le tableau des mesures légales annexé à la loi du 4 juillet 1837 sera modifié conformément à l'article précédent par décret rendu après avis du Bureau national des poids et mesures.

La présente loi, délibérée et adoptée par le Sénat et la Chambre des Députés, sera exécutée comme loi de l'État.

Paris, le 11 juillet 1903.

ÉMILE LOUBET.

Par le Président de la République :

Le Ministre du Commerce, de l'Industrie,
des Postes et des Télégraphes,

G. TROUILLOT.

———

DÉCRET DU 28 JUILLET 1903

portant modification du

TABLEAU DES MESURES LÉGALES

———

Le Président de la République française,

Vu la loi du 11 juillet 1903 relative aux unités fondamentales du système métrique et spécialement son article 2 ainsi conçu :

« Le tableau des mesures légales annexé à la loi du 4 juillet 1837 sera modifié conformément à l'article précédent par décret rendu après avis du Bureau national des poids et mesures » ;

Vu la loi du 4 juillet 1837 rendant obligatoire en France le système métrique décimal institué par les lois des 18 germinal an III et 19 frimaire an VIII et le tableau des mesures légales annexé à ladite loi ;

Vu le procès-verbal de la séance tenue, le 28 juillet 1903, par le Bureau national, scientifique et permanent des poids et mesures ;

Sur le rapport du Ministre du Commerce, de l'Industrie, des Postes et des Télégraphes,

Décrète :

Article premier. — Le tableau des mesures légales, annexé à la loi du 4 juillet 1837, est remplacé par le tableau ci-dessous.

Art. 2. — Le Ministre du Commerce, de l'Industrie, des Postes et des Télégraphes est chargé de l'exécution du présent décret qui sera publié au *Journal officiel* et inséré au *Bulletin des lois*.

Fait à Paris, le 28 juillet 1903.

Émile LOUBET.

Par le Président de la République :

Le Ministre du Commerce, de l'Industrie,
des Postes et des Télégraphes.

G. TROUILLOT.

———

TABLEAU DES MESURES LÉGALES

NOMS	VALEURS	SIGNES ABRÉVIATIFS
Mesures de longueur.		
Myriamètre . . .	Dix mille mètres	Mm.
Kilomètre. . . .	Mille mètres	km.
Hectomètre . . .	Cent mètres	hm.
Décamètre. . . .	Dix mètres	dam.
MÈTRE (¹) . . .	*Unité fondamentale*	m.
Décimètre. . . .	Dixième du mètre	dm.
Centimètre . . .	Centième du mètre.	cm.
Millimètre. . . .	Millième du mètre.	mm.
Mesures agraires.		
Hectare	Cent ares ou dix mille mètres carrés.	ha.
ARE.	Cent mètres carrés.	a.
Centiare	Centième de l'are ou mètre carré.	ca *ou* m^2.
Mesures des bois.		
Décastère . . .	Dix stères.	das.
STÈRE	Mètre cube.	s *ou* m^3.
Décistère . . .	Dixième du stère.	ds.
Mesures de masse ou de poids (²).		
Tonne	Mille kilogrammes	t.
Quintal métrique .	Cent kilogrammes	q.

(¹) Le *mètre* est la longueur à la température de zéro du prototype international, en platine iridié, qui a été sanctionné par la Conférence générale des poids et mesures tenue à Paris en 1889 et qui est déposé au pavillon de Breteuil, à Sèvres.

La copie n° 8 de ce prototype international, déposée aux Archives nationales, est l'étalon légal pour la France.

La longueur du mètre est très approximativement la dix-millionième partie du quart du méridien terrestre, qui a été prise comme point de départ pour l'établir.

L'unité de *surface* et l'unité de *volume* sont respectivement le mètre carré (m^2) et le mètre cube (m^3). On donne à la première le nom de *centiare* quand elle s'applique à la mesure des terrains, et à la seconde le nom de *stère* quand elle s'applique à la mesure des bois.

(²) La *masse* d'un corps correspond à la quantité de matière qu'il contient ; son *poids* est l'action que la pesanteur exerce sur lui. En un même lieu, ces deux grandeurs sont proportionnelles l'une à l'autre : dans le langage courant, le terme *poids* est employé dans le sens de *masse*.

NOMS	VALEURS	SIGNES ABRÉVIATIFS

Mesures de masse ou de poids (suite).

NOMS	VALEURS	SIGNES ABRÉVIATIFS
KILOGRAMME (¹). .	*Unité fondamentale*	kg.
Hectogramme . .	Cent grammes	hg.
Décagramme. . .	Dix grammes	dag.
GRAMME. . . .	Millième du kilogramme	g.
Décigramme . . .	Dixième du gramme	dg.
Centigramme. . .	Centième du gramme.	cg.
Milligramme . . .	Millième du gramme	mg.

Mesures de capacité.

NOMS	VALEURS	SIGNES ABRÉVIATIFS
Kilolitre. . . .	Mille litres.	kl.
Hectolitre . . .	Cent litres	hl.
Décalitre	Dix litres	dal.
LITRE (²)		l.
Décilitre. . . .	Dixième du litre.	dl.
Centilitre . . .	Centième du litre	cl.
Millilitre. . . .	Millième du litre.	ml.

Monnaies.

NOMS	VALEURS	SIGNES ABRÉVIATIFS
FRANC	Cinq grammes d'argent au titre légal	»
Décime.	Dixième du franc	»
Centime.	Centième du franc	»

(¹) Le *kilogramme* est la masse du prototype international, en platine iridié, qui a été sanctionné par la Conférence générale des poids et mesures tenue à Paris en 1889 et qui est déposé au pavillon de Breteuil, à Sèvres.

La copie n° 35 de ce prototype international, déposée aux Archives nationales, est l'étalon légal pour la France.

La masse du kilogramme est très approximativement celle de 1 décimètre cube d'eau à son maximum de densité, qui a été prise comme point de départ pour l'établir.

(²) Le *litre* est le volume occupé par un kilogramme d'eau pure à son maximum de densité et sous la pression atmosphérique normale.

Le volume du litre est très approximativement égal à un décimètre cube.

CIRCULAIRE DU 21 SEPTEMBRE 1903

relative au système métrique décimal.

LE MINISTRE DU COMMERCE, DE L'INDUSTRIE, DES POSTES ET DES TÉLÉGRAPHES,

à Monsieur le Directeur de l'École d

La loi du 4 juillet 1837, rendant obligatoire, en France, le système métrique décimal, était suivie d'un tableau des mesures légales donnant la nomenclature des diverses espèces et de leurs multiples et sous-multiples, les valeurs de ceux-ci en fonction des unités principales, la définition des unités fondamentales et enfin l'indication des prototypes qui les représentaient.

Les prescriptions de la loi du 11 juillet 1903 relatives aux unités fondamentales du système métrique ont entraîné des modifications dans le tableau dont il s'agit, et un décret, en date du 28 juillet dernier, a consacré le nouveau tableau des mesures légales. Ce tableau contient, comme celui qui était annexé à la loi de 1837, la nomenclature des diverses unités avec leur valeur. Il donne, en plus, l'indication des signes abréviatifs, dont l'introduction dans les différents pays a été demandée. Ces signes ont été établis, d'après une règle systématique, de façon à s'adapter aussi bien que possible aux principales langues des pays dans lesquels le système métrique est employé.

Afin de ne pas surcharger le tableau des mesures légales d'explications ou de notions scientifiques qui lui feraient perdre le caractère de simplicité adapté à l'objet pratique en vue duquel il est fait, le Bureau national des poids et mesures a ajouté, dans quelques notes, les définitions les plus indispensables de certains termes, en modifiant ou faisant disparaitre les définitions qui ne correspondent plus à la réalité des faits.

Les membres du Bureau national des poids et mesures ont appelé, d'une manière toute particulière, mon attention sur l'intérêt qui s'attache à ce que le tableau des mesures légales soit communiqué aux corps enseignants. Pour répondre à ce vœu, je vous adresse un exemplaire de la loi du 11 juillet 1903 et du décret du 23 juillet portant modification du tableau des mesures légales et qui seront, d'ailleurs, insérés dans le *Bulletin de l'Enseignement technique*. Je vous prie de veiller à ce que les énonciations que renferme ce tableau soient enseignées, au cours de la prochaine année scolaire, à tous les élèves de l'établissement que vous dirigez.

Vous voudrez bien m'accuser réception de la présente communication.

Le Ministre du Commerce, de l'Industrie, des Postes et des Télégraphes,

G. TROUILLOT.

CIRCULAIRE DU 25 AVRIL 1906

concernant les

SIGNES ABRÉVIATIFS OFFICIELS

DES UNITÉS DU SYSTÈME MÉTRIQUE

LE MINISTRE DE L'INSTRUCTION PUBLIQUE, DES BEAUX-ARTS ET DES CULTES,

à Monsieur le Recteur de l'académie d

Certains professeurs de sciences ont demandé s'ils devaient se conformer entièrement dans leur enseignement aux prescriptions de la loi du 11 juillet 1903 et du décret du 28 du même mois, quant aux signes abréviatifs officiels des unités du système métrique.

J'ai décidé que les signes abréviatifs indiqués par la loi et par le décret visés ci-dessus devraient désormais [1] être seuls employés par les professeurs aux divers degrés de leur enseignement.

Vous voudrez bien donner communication de cette décision et du tableau ci-joint aux chefs d'établissements d'enseignement public de votre ressort.

ARISTIDE BRIAND.

---

[1] « J'ai décidé que la mesure ne deviendrait rigoureusement exécutoire qu'à dater du 1er octobre 1907. » (*Circulaire ministérielle du 9 mai 1906*).

Décret du 28 juillet 1903, pris en exécution de la loi du 11 juillet 1903, et portant fixation des signes abréviatifs des unités du système métrique.

MESURES DE LONGUEUR

Myriamètre. . . .	Mm
Kilomètre. . . .	km
Hectomètre. . . .	hm
Décamètre. . . .	dam
Mètre.	m
Décimètre. . . .	dm
Centimètre. . . .	cm
Millimètre. . . .	mm

MESURES AGRAIRES

Hectare.	ha
Are.	a
Centiare	ca ou m^2

MESURES DES BOIS

Décastère. . . .	das
Stère.	s ou m^3
Décistère. . . .	ds

MESURES DE MASSE ET DE POIDS

Tonne	t
Quintal métrique.	q
Kilogramme . . .	kg
Hectogramme. . .	hg
Décagramme . . .	dag
Gramme	g
Décigramme . . .	dg
Centigramme . .	cg
Milligramme. . .	mg

MESURES DE CAPACITÉ

Kilolitre	kl
Hectolitre. . . .	hl
Décalitre. . . .	dal
Litre.	l
Décilitre. . . .	dl
Centilitre	cl
Millilitre	ml

EXTRAIT DU CATALOGUE
DE LA
LIBRAIRIE VUIBERT ET NONY
63, Boulevard Saint-Germain, PARIS, 5°.

COURS ÉLÉMENTAIRES DE MATHÉMATIQUES

par

A. Grévy, professeur au lycée Saint-Louis. — Vol. 18/12^{cm}, cart. toile :

Arithmétique, 3e édition	2 fr. »
Algèbre, 4e édition	2 fr. 50
Géométrie théorique et pratique, 3e édition	3 fr. 50

LEÇONS DE PHYSIQUE ET CHIMIE

par J. Basin, professeur au lycée de Lille. — Vol. 19/13^{cm}.

Physique :

	broch.	relié.
Pesanteur, Chaleur.	2 fr. 50	3 fr. »
Acoustique, Optique, Électricité et *Magnétisme.*	3 fr. »	3 fr. 50
Compléments.	5 fr. »	5 fr. 50
La partie *Électricité*, extraite du précédent vol.	3 fr. »	» »

Chimie :

	broch.	relié.
Métalloïdes	2 fr. 50	3 fr. »
Métaux	2 fr. »	2 fr. 50
Chimie organique	3 fr. »	3 fr. 50
Métalloïdes et Métaux.	4 fr. 50	5 fr. »

COURS D'HISTOIRE NATURELLE

par E. Caustier, agrégé des sciences naturelles, professeur aux lycées Saint-Louis et Henri IV. (Volumes 19/13^{cm} cartonnés, illustrés de nombreuses gravures.)

Zoologie (Éléments et Classification)	2 fr. 25
Géologie (Éléments et Classification)	2 fr. 25
Géologie (Éléments et Classification)	1 fr. 50
Conférences de Géologie (Compléments).	1 fr. 75
Histoire naturelle appliquée	2 fr. 25
Histoire naturelle et Hygiène. (Vol. 16/11^{cm}).	4 fr. 50

FORMULAIRE (*Mathématiques, Physique, Chimie*), 9e édition. — Un joli petit vol. 22/12^{cm} de 108 pages. — Br.1 fr. ; cart. toile. 1 fr. 50

UNITÉS ÉLECTRIQUES ET UNITÉS MÉCANIQUES ET LEURS RELATIONS, par G. de Laplanche. — Vol. 18/12^{cm}, 2e édition . . . . 2 fr. »

ANNUAIRE DU MINISTÈRE DU COMMERCE, DE L'INDUSTRIE ET DU TRAVAIL. — Vol. 25/16^{cm}, relié. 5 fr. »
Cet annuaire est un recueil de documents précieux, notamment en ce qui concerne la Direction de l'Enseignement technique au Ministère du Commerce et toutes les écoles d'enseignement technique commercial et industriel qui en ressortissent.

BULLETIN DE L'ENSEIGNEMENT TECHNIQUE, publié sous les auspices du Ministère du Commerce, de l'Industrie et du Travail. — Abonnement annuel . . . . 6 fr. »
Le *Bulletin* publie tous les documents officiels de toute sorte intéressant les écoles d'enseignement technique.

Les Cinq Langues

(7e année) Journal d'enseignement des langues Allemande, Anglaise, Espagnole, Française, Italienne.

avec Supplément en français.

Rédacteur en chef : E.-Henri BLOCH, agrégé de l'Université, Professeur au Lycée Voltaire.

(Publication bimensuelle illustrée, format 25/16cm, paraissant le 5 et le 20, par numéros de 48 pages.)

Chacune des cinq parties contient, pour les jeunes élèves, de jolies historiettes, des descriptions de jeux, des récits de voyages ou d'aventures, des anecdotes amusantes, le tout en gros caractères ; ceux qui sont déjà avancés et les adultes ont des articles plus sérieux, ayant trait à la vie politique et sociale des peuples voisins, avec des extraits soigneusement choisis, de leurs journaux et revues périodiques, — des pages d'auteurs modernes, des nouvelles empruntées aux ouvrages récemment parus.

Abonnements à	1 langue*	2 langues*	3 langues*	5 langues
France.	3 fr. 50	5 fr. »	6 fr. 50	8 fr. »
Etranger.	4 fr. 50	6 fr. »	7 fr. 50	10 fr. »

* Une des langues peut être remplacée par le *Supplément.*

L'abonnement est annuel et part d'octobre. — A quelque époque de l'année que l'on s'abonne, on reçoit tous les numéros parus depuis le 5 octobre.

Méthode de Conversation et de Lecture
en quatre langues

(Vol. 18, 12cm, cartonnés toile) :

" **Sprich Deutsch** " Gesprächs und Lesestoffe, von G. STIER und LANG.
" **Speak English** " Little Chats, by A. LIEGAUX-WOOD and LANG.
" **Hablad Español** " Conversaciones familiares, por S. DILHAN y LANG.
" **Parla Italiano** " Conversazioni familiari, per G. PADOVANI e LANG.

Chaque langue comprend 3 degrés :

1er Degré : Classes de 6e A et B . . . . 1 fr. 25
2e Degré : Classes de 5e A et B . . . . 1 fr. 25
3e Degré : Classes de 4e et 3e A et B. . . . . 1 fr. 50

DICTIONNAIRES EN LANGUES ÉTRANGÈRES
autorisés pour les examens et concours

CHAMBERS'S Twentieth Century *DICTIONARY of the english language.* — Volume de 1216 pages, illustré, format 21/14cm cartonné toile. . . . . 4 fr. 50

VENNS Deutsches *WÖRTERBUCH nach der neuen amtlichen, Rechtschreibung für Schule und Haus.* — Vol. de 307 pages, format 22/15cm, cartonné toile . . . . 3 fr 75

ORTHOGRAPHE ALLEMANDE (Règles de la nouvelle). Texte officiel (*Regeln für die deutsche Rechtschreibung*) avec vocabulaire. — Brochure 20/13cm . . . . 0 fr. 30

La circulaire ministérielle du 20 juin 1905, que l'on trouvera reproduite *in extenso* dans la brochure, indique les conditions dans lesquelles la nouvelle orthographe sera exigée aux examens et concours.

Texte officiel (*Regeln für die deutsche Rechtschreibung*) **et traduction française** par E.-B. LANG. — Brochure 20/13cm de 83 pages. . . . . 0 fr. 75

www.ingramcontent.com/pod-product-compliance
Lightning Source LLC
Chambersburg PA
CBHW061206050726
47594CB00008B/3585